Almuth Bartl

Viele klitzekleine Tafelspiele für die Grundschule

Illustriert von Norbert Maier

Auer Verlag GmbH

Viele klitzekleine Tafelspiele nach Fächern geordnet:

Mathematik: Spiel-Nr. 1, 12, 14, 21, 23, 24, 25, 26, 27, 28, 30, 31, 36, 40, 41, 42, 46, 49, 54, 60, 67, 68, 69, 70, 71, 72, 74, 78, 84, 87, 88

Deutsch: Spiel-Nr. 2, 3, 4, 5, 10, 11, 13, 15, 16, 17, 18, 19, 29, 32, 33, 34, 35, 37, 38, 39, 47, 50, 51, 52, 53, 55, 56, 57, 58, 59, 61, 65, 66, 73, 75, 76, 77, 79, 80, 81, 85, 86, 91, 92, 93, 95

Sachunterricht: Spiel-Nr. 48, 62

Englisch: Spiel-Nr. 22, 32, 38, 56, 85

Sport: Spiel-Nr. 8

Fächerübergreifend: Spiel-Nr. 7, 9, 20, 43, 45, 64, 89, 90, 94

Allgemein: Spiel-Nr. 6, 44, 63, 82, 83

Gedruckt auf umweltbewusst gefertigtem, chlorfrei gebleichtem und alterungsbeständigem Papier.

2. Auflage. 2002
Nach der Neuregelung der deutschen Rechtschreibung

Gesamtherstellung: Ludwig Auer GmbH, Donauwörth
ISBN 3-403-0**3575**-1

Inhalt

1 Mathe-Fußball *Mathematik*

An die Tafel wird ein Fußballtor gezeichnet und in das Tor eine Zahl geschrieben, z. B. 35. Nun geht die Lehrerin durch die Klasse und gibt nacheinander jedem Schüler eine Zahl vor, z. B. 100. Der Schüler denkt nach, durch welche Rechenoperation er von der vorgegebenen Zahl zur Torzahl gelangt. In unserem Fall heißt eine mögliche Lösung „−65" ($100 - x = 35$). So kann es die Lehrerin natürlich einrichten, dass jedem Schüler eine Zahl entsprechend seinem Leistungsvermögen vorgegeben wird und auch die schwächsten Schüler Tore „schießen" können.

2 Das Wort des Tages *Deutsch*

Schreiben Sie jeden Tag ein neues „Wort des Tages" an die Seitentafel. Dieses Wort sollte natürlich ein ganz besonderes sein, eines, das sich nicht automatisch im Gebrauchswortschatz der Kinder befindet. In höheren Klassen können auf diese Weise auch Fremdwörter in den Wortschatz der Kinder einfließen. Das „Wort des Tages" wird natürlich erklärt und anschließend in mehreren Sätzen gebraucht.

Tipp:

Die Wörter des Tages können natürlich von den Kindern ausgesucht werden. So lehrt abwechselnd jeder Schüler einmal seinen Klassenkameraden ein neues Wort.

3 Der Wasser-Buchstabe *Deutsch*

Schreiben Sie mit einem nassen Schwamm einen Buchstaben an die Tafel. Die Schüler haben jetzt so lange Zeit, Wörter auf dem Block zu sammeln, die mit dem „Wasser-Buchstaben" beginnen, bis er verschwunden ist. In höheren Klassen kann man auch zwei oder drei Buchstaben aufschreiben und die Klasse nach Wörtern suchen lassen, in denen alle vorgegebenen Buchstaben vorhanden sind.

4 Der Buchstaben-Drehwurm *Deutsch*

Ganz oben an die Tafel werden nebeneinander acht Buchstaben geschrieben. Dann werden acht Schüler bestimmt, die vor die Klasse kommen und sich jeweils unter einen Buchstaben stellen. Abwechselnd dürfen die Mitschüler jetzt beliebige Wörter nennen. Die acht Tafelkinder stellen sich die Wörter in Gedanken vor. Kommt ihr Buchstabe in dem genannten Wort vor, so drehen sie sich einmal im Kreis. Wer seine Aufgabe richtig macht, darf stehen bleiben. Wer seinen Einsatz verpasst oder sich dreht, obwohl sein Buchstabe nicht vorkommt, der wird durch einen anderen Schüler ersetzt.

Beispiel: Ein Schüler nennt das Wort Matratze.

Es drehen sich die Tafelkinder: M A T R E.

5 Das Drillings-Wort *Deutsch*

Die Lehrerin schreibt drei Sätze an die Tafel und baut in jeden Satz ein bestimmtes Merkwort ein, z. B. „während“:
Während des Gewitters fiel der Strom aus.
Elisa isst während des Unterrichts Erdnüsse.
Ich passe auf den Hund auf, während du in der Schule bist.
Alle Kinder lesen die drei Sätze still für sich. Wer meint, das Drillings-Wort gefunden zu haben, meldet sich, verrät das Wort aber nicht, sondern

nennt einen weiteren Satz, in dem das Drillings-Wort enthalten ist. Stimmt der Satz, darf der Spieler aufstehen und einen weiteren Mitschüler aufrufen, der ebenfalls meint, das Wort erraten zu haben. So wird weitergespielt, bis alle Kinder aufgestanden sind.

6 Tipp für Tafelwischer — Allgemein

Während es in Grundschulen wohl selten Probleme gibt, fröhliche Tafelwischer zu finden, sinkt die Rate der Freiwilligen zusehends, je älter die Schüler sind. Neuen Tafelwischer-Elan weckt man durch neue Tafelwisch-Instrumente, die da sind: Schwämme verschiedenster Größe, Farben und Formen, professionelle Fensterputzwasser-Abziehgeräte, ausrangierte Waschhandschuhe, Malerpinsel, supersaubere Farbroller, Wasserspritzflaschen etc.

7 Tafel-Kim — *Fächerübergreifend*

Die Lehrerin schreibt 20 verschiedene Zahlen, Buchstaben und Zeichen an die Tafel. Alle Schüler sitzen mit Papier und Bleistift auf ihren Plätzen und warten darauf, dass die Lehrerin die Tafelflügel aufklappt und so die Sicht auf die Tafelanschrift freigibt. Die Schüler haben 30 Sekunden Zeit, sich möglichst viel einzuprägen, bevor die Lehrerin die Tafel wieder zuklappt. Jetzt schreiben die Kinder auf, woran sie sich noch erinnern können. Die Zettel werden mit Namen versehen und abgegeben. Wer das beste Gedächtnis unter Beweis stellt, erhält einen kleinen Preis.

8 Der Klassenzimmer-Hochsprung — *Sport*

Die Tafel wird so weit wie möglich nach oben geschoben und von einem Schüler in Position gehalten. Dann darf ein Kind nach dem anderen zur Tafel kommen, ein Stück Kreide in die Hand nehmen und aus dem Stand so hoch wie möglich springen. An der höchsten Stelle markiert der Springer einen Strich oder einen Punkt an der Tafel. Der Klassenhochsprungmeister wird mit gebührendem Applaus zum Sieg beglückwünscht.

9 Die verkehrten Montagsmaler

Fächerübergreifend

In einer Schachtel liegen viele zusammengefaltete Zettel, auf die die Lehrerin vor dem Spiel bestimmte illustrierbare Begriffe geschrieben hat, z. B. Elefant, Kaffeekanne, Wärmflasche, Salatbesteck. Ein Montagsmaler kommt vor die Klasse, zieht einen Zettel und liest den Begriff still für sich. Dann malt er mit der verkehrten Hand, also Rechtshänder mit der linken, Linkshänder mit der rechten, ein entsprechendes Bild an die Tafel. Kinder, die meinen den Begriff erraten zu haben, melden sich. Um zu verhindern, dass einfach irgendwelche Begriffe genannt werden, z. B. Hund, Katze, Maus, wird vor dem Spiel darauf hingewiesen, dass jeder nur einen Tipp abgeben darf. Wer also einen falschen Begriff nennt, darf sich in dieser Spielrunde nicht mehr melden.

10 Das Quatsch-Satz-Spiel *Deutsch*

An der Tafel stehen nebeneinander sechs Merkwörter, jedes ist mit einer Zahl von 1 bis 6 nummeriert. Der erste Spieler würfelt nun mit drei Würfeln gleichzeitig und ermittelt auf diese Weise, welche Merkwörter er jetzt in einem einzigen Satz unterbringen muss.

Beispiel:

1	2	3	4	5	6
Zirkus	klatschen	Tiger	Darbietung	zwischen	Publikum

Das **Publikum** im **Zirkus** ist begeistert von den **Tigern**.

11 Lautlos *Deutsch*

An der Tafel steht der Nachschriftentext. Ein Kind stellt sich vor die Klasse mit dem Rücken zum Text. Die Lehrerin deutet jetzt mit dem Zeigestab auf ein beliebiges Wort im Text, das nun sofort alle Schüler der Klasse lautlos, aber mit deutlicher Lippenbewegung, immer wieder vorsprechen. Kann der Spieler das Lösungswort von den Lippen der Mitschüler ablesen?

12 Von 1 bis 100 *Mathematik*

Zwei Schülergruppen spielen gegeneinander an der Tafel. Abwechselnd darf jeweils ein Schüler eine beliebige Zahl zwischen 1 und 10 zu dem vorangegangenen Ergebnis hinzuzählen. Es gewinnt die Gruppe, die die bisher erreichte Summe auf 100 ergänzen kann.

Gruppe 1	Gruppe 2
1 + 4 = 5 15 + 8 = 23	5 + 10 = 15 usw.

Tipp: Genauso kann natürlich von einer vorgegebenen Zahl (z. B. 100) subtrahiert werden. Es gewinnt dann die Gruppe, die das Ergebnis 1 erreicht.

13 Das Buchstabierspiel *Deutsch*

In einer Schachtel liegen zusammengefaltete Zettelchen, auf denen jeweils ein Buchstabe des Alphabets und die Um- und Doppellaute aufgeschrieben sind.
Ein Kind nach dem anderen kommt zur Tafel, zieht einen Buchstaben aus der Schachtel, liest ihn den Mitschülern vor und schreibt ihn an die Tafel. Auf diese Weise werden nun nacheinander Buchstaben an der Tafel gesammelt. Sobald ein Schüler meint, mit den Buchstaben ein sinnvolles Wort bilden zu können, wird das Spiel unterbrochen und der Schüler schreibt das Wort in die Spalte seiner Gruppe an die Tafel. Nun dürfen aber auch die übrigen Schüler Wörter zusammenstellen und anschreiben.

Sind keine weiteren Wörter mehr zu finden, darf der Schüler, der als Nächster an der Reihe ist, ein weiteres Zettelchen ziehen und den Buchstaben an die Tafel schreiben. Je nachdem, wie viel Zeit zur Verfügung steht, wird das Spiel beliebig lange fortgesetzt. Am Ende werden alle angeschriebenen Wörter in Punkte getauscht, wobei z. B. ein Wort aus drei Buchstaben ebenso viele Punkte bringt. Die Gruppe, die also möglichst lange Wörter gefunden hat, wird das Spiel gewinnen.

Gruppe 1				**Gruppe 2**
WAR	R	Z		WAS
MARS			S	ARM
MAIS		W		MAMA
WARM	AI		A	WASA
ZWAR		M		
RAMA				

14 Zahlen-Bingo *Mathematik*

Ein Quadrat mit vier mal vier Feldern wird an die Tafel gezeichnet und mit Zahlen gefüllt, z. B.:

7	4	9	12
18	10	5	1
3	15	0	2
20	8	11	6

Zwei Schülergruppen treten gegeneinander an. Einer in jeder Gruppe würfelt gleichzeitig mit zwei Würfeln und nennt die Zahlen laut, z. B. 6 und 3. Die anderen Gruppenmitglieder rechnen sofort, z. B. $6 + 3 = 9$ oder $6 - 3 = 3$ oder $6 : 3 = 2$ oder $6 \cdot 3 = 18$. Es wird ein freies Zahlenfeld gesucht, z. B. das Feld 2 ($6 : 3 = 2$), und in der Gruppenfarbe ausgemalt. Sind alle Felder bereits besetzt (2, 9, 18, 3), so geht die Mannschaft leer aus und die Gegengruppe ist wieder an der Reihe. Es gewinnt das Team, das zuerst vier direkt nebeneinander liegende Felder (waagerecht, senkrecht oder diagonal) in seiner Gruppenfarbe ausgemalt hat. Gelingt das keiner Gruppe, so wird am Ende nachgezählt, welche die meisten Felder ausgemalt hat. Diese Gruppe hat gewonnen.

15 Bewegte Wörter *Deutsch*

An die Tafel werden fünf Merkwörter angeschrieben. Die Schüler überlegen gemeinsam, welche Bewegung sie den Wörtern zuordnen wollen, z. B.:

Zwerg:	Alle Schüler lachen.
Körper:	Alle stehen auf.
schwierig:	Alle wiegen die Köpfe von einer Seite zur anderen.
Bürgermeister:	Alle verneigen sich.

Die Lehrerin deutet nacheinander und immer schneller auf verschiedene Tafelwörter und die Schüler bewegen sich, so gut und schnell es geht, entsprechend mit.

Oder wir spielen so:

Bewegte Wortarten

An der Tafel steht ein Merktext. Die Schüler haben die Aufgabe, z. B. bei einem Substantiv auf ihre Tische zu klopfen, bei einem Verb auf der Stelle zu laufen und bei einem Adjektiv zu applaudieren. Die Lehrerin deutet nacheinander auf verschiedene Wörter des Textes und die Schüler antworten jeweils mit der entsprechenden Bewegung. Je schneller gespielt wird, umso lustiger wird es.

16 Zehn Fragen *Deutsch*

Ein Schüler stellt sich mit dem Rücken zur Tafel vor die Klasse. Die Lehrerin schreibt über den Kopf des Schülers einen beliebigen Buchstaben, z. B. L l, an die Tafel. Nun stellen die Mitschüler nacheinander zehn Fragen, die der Schüler jeweils mit einem Wort beantworten soll. Ob die Antworten wahr oder falsch sind, ist egal.

Beispiel:

Der Schüler wird gefragt: „In welches Land würdest du gerne in den Ferien fahren?" Antwortet der Schüler beispielsweise mit „Amerika", so erhält er keinen Punkt, weil in dem Wort kein L l enthalten ist, antwortet er aber mit „England", so gibt es einen Trefferpunkt.
Natürlich erfährt der Schüler, ob seine Antwort als Treffer gewertet wird oder nicht, damit er Rückschlüsse auf den Lösungsbuchstaben ziehen kann. Sind alle Fragen beantwortet, darf sich der Spieler zur Tafel umdrehen. Jetzt erfährt er also, welches sein Lösungsbuchstabe war und wie viele Punkte er ergattert hat.

17 Der Telefon-Geheimcode *Deutsch*

An die Tafel werden die Kombinationen eines gewöhnlichen Tastentelefons ausgeschrieben:

1	2	3
	ABC	DEF
4	5	6
GHI	JKL	MNO
7	8	9
PQRS	TUV	WXYZ

Um die Geheimschrift zu entschlüsseln, wird den Kindern erklärt, dass die jeweils erste Zahl angibt, auf welcher Taste der Buchstabe zu finden ist, und die zweite Zahl angibt, der wievielte Buchstabe gemeint ist.

Beispiel: 6/2 bedeutet auf Taste 6 der zweite Buchstabe, also N.

Nun dürfen mehrere Schüler an die Tafel kommen und beliebige Wörter oder Sätze verschlüsselt aufschreiben. Die Mitschüler versuchen, so schnell wie möglich die Lösungswörter zu finden.

Wesentlich schwieriger, aber auch spannender wird das Spiel, wenn man nur angibt, auf welchen Tasten die Buchstaben zu finden sind, nicht aber, der wievielte Buchstabe jeweils gemeint ist.
Die Lehrerin gibt also nur die Tasten vor, z. B. 4 2 7 3, und die Schüler versuchen, daraus ein sinnvolles Wort zu bilden. In unserem Fall hieße die Lösung Hase.

18 Berühmte Paare *Deutsch*

Die Lehrerin bereitet die Tafelanschrift vor, z. B. so:

1. Hänsel	Huckleberry Finn
2. Pumuckl	Cleopatra
3. Tom Sawyer	Julia
4. Robinson	Gretel
5. Romeo	Moritz
6. Fix	Meister Eder
7. Max	Foxi
8. Caesar	Freitag

Die Schüler werden aufgefordert, die entsprechenden Paare zusammenzufinden. Dazu notieren sie zu jedem Namen auf der rechten Seitentafel die Nummer des Partners auf der linken Seitentafel. In unserem Fall also so:

1. Hänsel	Huckleberry Finn	(3)
2. Pumuckl	Cleopatra	(8)
3. Tom Sawyer	Julia	(5)
4. Robinson	Gretel	(1)
5. Romeo	Moritz	(7)
6. Fix	Meister Eder	(2)
7. Max	Foxi	(6)
8. Caesar	Freitag	(4)

Wer alle Paare richtig zusammengefunden hat, verdient einen kleinen Preis.

Tipp: Weitere Paare sind Brüderchen und Schwesterchen, Tom und Jerry, Schneeweißchen und Rosenrot, Pünktchen und Anton, Susi und Strolch, Asterix und Obelix, Barbie und Ken usw.

19 Das Kreuzworträtsel *Deutsch*

Die Lehrerin schreibt ein Merkwort aus dem letzten Diktattext senkrecht an die Tafel und fordert die Schüler auf, weitere Wörter aus dem gleichen Text zu suchen und diese Wörter waagerecht wie bei einem Kreuzworträtsel in die Buchstaben des vorgegebenen Wortes einzuordnen.

Beispiel:

```
    S
    C
    H
    M
PFAUENAUGE
    T
    T
    E
    R
    L
    INSEKT
    N
    G
```

Tipp:

Da es zu diesen Rätseln in den meisten Fällen mehrere Lösungen gibt, können zusätzlich noch zwei Schüler an den Rückseiten der Klapptafeln arbeiten. Bei der Kontrolle sieht jeder Schüler drei mögliche Lösungen des Rätsels.

20 Das Frage-und-Antwort-Spiel

Fächerübergreifend

Die Lehrerin schreibt untereinander fünf Antworten an die Tafel, z. B.:

1. Columbus.
2. Sechs.
3. Jeden Donnerstag.
4. Weil mich meine Schwester geärgert hat.
5. Nein.

Die Schüler suchen so zu allen Antworten mögliche Fragen, z. B.:

1. Wer hat Amerika entdeckt?
2. Wie viele Flächen hat ein Würfel?
3. Wann findet das Tischtennistraining statt?
4. Warum hast du so laut geschrien?
5. Ist die Sonne ein Planet?

21 Die Zwischenzahlen *Mathematik*

Die Lehrerin schreibt untereinander zehn dreistellige Zahlen an die linke Tafelhälfte und zehn weitere dreistellige Zahlen an die rechte Tafelhälfte. Jeder Schüler betrachtet jeweils ein Zahlenpaar und notiert auf den Block eine beliebige Zahl, die dazwischen liegt.

Beispiel:

236	**245**	249
912	**938**	941
723	**725**	732
461	**500**	501
108	**114**	122
593	**603**	617
310	**322**	323
844	**850**	859
701	**709**	719
554	**561**	580

Sind alle Schüler fertig, tauschen sie ihre Blätter mit dem Banknachbarn aus. Nun darf ein Schüler die erste Zwischenzahl vorlesen, zum Beispiel 245. Hat kein weiteres Kind genau diese Zahl notiert, erhält der Schüler einen Punkt. Gibt es einen zweiten oder mehrere Schüler, die die gleiche Zwischenzahl ausgesucht haben, gehen sie „leer" aus. Alle Zwischenzahlen, die nur einmal ausgewählt wurden, werden zwischen die Zahlenpaare geschrieben. Am Ende wird ermittelt, wer die meisten Punkte erbeutet hat und damit Sieger ist.

22 Das Fliegenklatschen-Spiel *Englisch*

An die Tafel werden ca. 20 Bildkärtchen geklebt, zu denen die Kinder die englischen Begriffe gelernt haben. Von jeder der Schülergruppen, die gegeneinander spielen, kommt ein Kind vor zur Tafel und erhält eine Fliegenklatsche. Nun nennt die Lehrerin einen beliebigen Begriff, z. B. chair. Die Spieler suchen das passende Bild an der Tafel. Wer zuerst mit seiner „Vokabelwaffe" auf das richtige Bild klatscht, erhält einen Punkt für seine Gruppe und wird von einem weiteren Mitglied seiner Gruppe abgelöst.

23 Das Zahlenrätsel *Mathematik*

An der Tafel befindet sich ein Zahlengitter, das z. B. so aussieht:

5	1	3	6	7
4	1	1	8	9
3	4	1	2	3
9	7	7	8	6

Von beiden Schülergruppen, die gegeneinander spielen, kommt jeweils ein Kind zur Tafel. Die Lehrerin nennt jetzt eine beliebige dreistellige Zahl, die sich waagerecht irgendwo im Gitter befindet, z. B. 411. Die beiden Spieler suchen nach der versteckten Zahl. Wer sie zuerst findet, kreist sie ein und erhält einen Punkt für seine Gruppe.

So wird das Spiel schwieriger:

Die Zahl kann waagerecht, senkrecht oder diagonal versteckt sein.
Es wird durcheinander nach Zahlen mit unterschiedlich vielen Stellen gesucht.

24 Das Linealspiel *Mathematik*

Die Lehrerin schreibt die Zahlen von 1 bis 6 zweimal durcheinander an die Tafel und markiert neben jeder Zahl einen dicken Punkt.
Zwei gleich große Spielergruppen treten gegeneinander an. Der erste Spieler würfelt zweimal hintereinander, z. B. 6 und 4. Er sucht diese beiden Zahlen an der Tafel und wählt die aus, die möglichst weit voneinander entfernt sind. Der Spieler verbindet die beiden Punkte mit dem Lineal und misst die Strecke, z. B. 48 cm.
Die Lehrerin kontrolliert und notiert das Ergebnis an der Seitentafel. Dann ist ein Spieler von der Gruppe B an der Reihe. Fallen zufällig wieder die gleichen Zahlen, so muss der Schüler eine andere Verbindung zwischen 6 und 4 wählen. Jede Verbindung darf also nur einmal gewählt werden. War jeder Spieler einmal an der Reihe, werden die Ergebnisse jeder Gruppe zusammengezählt. Die Gruppe, die das höhere Endergebnis hat, gewinnt das Spiel.

Die Schüler spielen in zwei Gruppen, die Gelben gegen die Weißen.
Die Lehrerin hat zuvor 20 Zahlen zwischen 2 und 10 an die Tafel geschrieben, z. B. so:

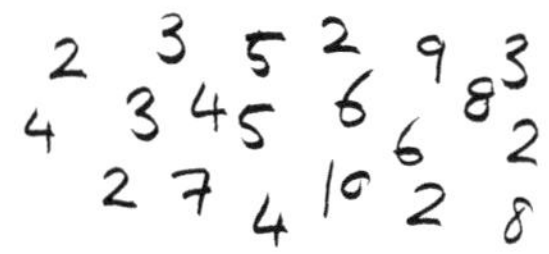

Der erste Spieler von Gruppe Gelb würfelt zweimal hintereinander, wobei der erste Würfel die Zehnerzahl vorgibt, der zweite Würfel die Einer.

Beispiel:

Die Lehrerin notiert die Zahl 54 an einer Seitentafel und die Schüler der gelben Gruppe dürfen die Zahlen einkreisen, die Teiler der erwürfelten Zahl sind, also z. B. 2, 3, 6, 9.
Dann ist die weiße Gruppe an der Reihe, ihr Würfelglück auszuprobieren. So wird weitergewürfelt, gerechnet und eingekreist, bis alle Zahlen vergeben sind. Jetzt zählt jede Gruppe nach, wie viele Kreise sie in ihrer Farbe hat, und es gewinnt natürlich die Gruppe, die die meisten Kreise erbeutet hat.

Achtung:

Wird eine Zahl gewürfelt, zu der keine Teiler zu finden sind, z. B. 11, so geht die betroffene Gruppe in dieser Runde „leer“ aus.

26 Zielrechnen *Mathematik*

Zwei Schülergruppen treten bei diesem spannenden Würfelspiel gegeneinander an. Für jede Gruppe wird diese Tafelanschrift vorbereitet:

ZIEL	RECHNUNG	ERGEBNIS	PUNKTE
9	6 + 3 − 5 =	4	5
7	+ − =		
8	+ − =		
2	+ − =		
6	+ − =		
5	+ − =		

Der erste Spieler der Gruppe 1 würfelt, gibt die gewürfelten Zahlen dem Gruppenschreiber an, der an der Tafel steht und die Zahlen nacheinander in die Kästchen einträgt, z. B. 6 + 3 − 5 =
Ein dritter Spieler von der Gruppe 1 rechnet die Aufgabe 6 + 3 − 5 = 4 und der Gruppenschreiber notiert das Ergebnis an der Tafel, in unserem Fall also 4. Ein weiterer Schüler der Gruppe 1 berechnet die Punktezahl. Dazu wird die Ergebniszahl von der vorgegebenen Zielzahl abgezogen, also 9 − 4 = 5. Wenn die Rechnung nicht möglich ist, wird umgekehrt die Zielzahl von der Ergebniszahl abgezogen.
Abwechselnd darf jede Gruppe eine Rechenaufgabe erwürfeln und Punkte berechnen. Am Ende addiert jede Gruppe ihre Punkte. Die Gesamtergebnisse werden verglichen und es gewinnt die Schülergruppe, die das niedrigste Ergebnis hat.

27 Die gute Zehn *Mathematik*

An die Tafel werden 36 Zahlen aus dem Zahlenraum von 1–9 geschrieben. Die Schüler spielen in zwei Gruppen, die Gelben gegen die Weißen. Abwechselnd darf von jeder Gruppe ein Schüler an die Tafel kommen und beliebige Zahlen in seiner Gruppenfarbe umkreisen, die zusammengezählt die Summe 10 ergeben. Wichtig dabei ist, dass diese Zahlen direkt nebeneinander (waagerecht, senkrecht oder diagonal) stehen.

Beispiel: 1 + 2 + 7 = 10 und 5 + 2 + 1 + 2 = 10

1	3	(1)	8	2	4	(2)	2	6
5	4	(7)	6	3	(2)	(1)	3	6
4	6	(2)	3	7	(5)	4	1	7
1	3	7	5	6	7	6	9	8

Es gewinnt die Gruppe, die am Ende des Spiels die meisten Zahlen in ihrer Gruppenfarbe umkreist hat.

28 Die Zaubertafel *Mathematik*

Die Lehrerin schreibt die Zahl von 1 bis 50 in fünf Reihen zu je zehn Zahlen an die Tafel.
Dann markiert sie jeweils vier Zahlen im Zahlengitter mit einer bunten Kreide, z. B. kreist sie die Zahlen 1, 10, 41, 50 rot ein, und gibt den Schülern auf, diese Zahlen zu addieren. Darauf kreist sie z. B. die Zahlen 4, 7, 44 und 47 mit einer gelben Kreide ein.

Das sieht dann so aus:

(1)	2	3	(4)	5	6	(7)	8	9	(10)
11	12	13	14	15	16	17	18	19	20
21	22	23	24	25	26	27	28	29	30
31	32	33	34	35	36	37	38	39	40
(41)	42	43	(44)	45	46	(47)	48	49	(50)

Die Summe der vier eingekreisten Zahlen ergibt immer 102, vorausgesetzt man hält das Gesetz ein, dass die vier Zahlen immer die Eckpunkte eines imaginären Vierecks sind und dabei links und rechts, oben und unten gleich viel Abstand zum Rand eingehalten wird.

29 Die Geisterbuchstaben *Deutsch*

Ein Schüler kommt vor die Klasse und schreibt mit seinem Finger einen Buchstaben ganz groß an die Tafel. Na, wer hat gut aufgepasst und kann angeben, welcher Geisterbuchstabe da an der Tafel steht? Anstelle der Buchstaben können natürlich auch ganze Wörter, Zahlen oder Rechenaufgaben angeschrieben werden.

30 Höher oder niedriger *Mathematik*

Die Lehrerin schreibt eine beliebige Zahl in die Mitte der Tafel und zieht von hier einen waagerechten Strich nach rechts.

Beispiel: 73 ————————————

Nun gibt die Lehrerin nacheinander beliebige weitere Zahlen vor, z. B. 91, und ruft ein Kind auf. Das Kind geht zur Tafel, überlegt, ob die vorgegebene Zahl höher oder niedriger als 73 ist, und schreibt sie entsprechend über oder unter den Strich.

91 75 111

73 ————————————

64 69 42

31 Formen-Zielwerfen *Mathematik*

An die Tafel werden die Formen Kreis, Quadrat, Dreieck in jeweils vier verschiedenen Farben gemalt. Die Kinder sitzen mindestens fünf Schritte von der Tafel entfernt und bilden drei Gruppen, die jetzt gegeneinander antreten. Der erste Spieler der Gruppe 1 nimmt einen Radiergummi und beschreibt den Mitschülern, auf welche Form er jetzt gleich werfen wird, z. B. „Ich werfe auf das blaue Dreieck." Der Schüler versucht von seinem Platz aus, mit dem Radiergummi die entsprechende Form zu treffen. Gelingt ihm das, erhält seine Gruppe einen Punkt. Auf diese Weise darf jeder Schüler einmal sein Glück versuchen. Die Gruppe, die gewinnen will, muss natürlich die meisten Treffer landen.

Tipp: Wird eine kleine Form ins Visier genommen und getroffen, so erhält der Werfer zwei Punkte für seine Gruppe.

Weitere Unterscheidungen der Formen sind möglich, z. B.

- nach der Größe,
- nach dem Rand der Formen.

Beispiel: „Ich werfe auf das große rote Quadrat mit gezacktem Rand."

32 Die Satz-Baustelle I *Deutsch/Englisch*

Die Lehrerin schreibt ein beliebiges Wort an die Tafel und fordert dazu auf, einen Satz auf den Block zu schreiben, in dem dieses Wort vorkommt. Haben alle Schüler die Aufgabe erfüllt, gibt die Lehrerin ein zweites Wort vor. Nun sollen sich die Schüler Sätze ausdenken, in denen beide Wörter vorkommen. So wird weitergespielt, bis schließlich fünf Wörter an der Tafel stehen und sich die Schüler richtig anstrengen müssen, um diese Wörter in einem sinnvollen Satz unterzubringen.

Beispiel: *Schaf*

Maries große Schwester ist ein Schaf.
Schaf – grün
Wenn ich nicht einschlafen kann, stelle ich mir ein grünes Schaf vor.
Schaf – grün – kleben
An meiner Zimmertür klebt ein Bild von einem grünen Schaf.
...

Wenn die Schüler ihre ersten Sätze vorlesen, werden diese sehr unterschiedlich sein. Je mehr Wörter aber vergeben werden, umso ähnlicher werden die Sätze ausfallen.
In höheren Klassenstufen kann das Spiel auch mit englischen Vokabeln und Sätzen gespielt werden.

33 Das Selbstlautspiel *Deutsch*

Die Lehrerin schreibt etwa 20 Selbstlaute an die Rückseite einer Klapptafel. Die Schüler schreiben die Selbstlaute auf ihre Blöcke ab, z. B.:

a a a a
e e e e e e
i i i
o o o
u u u

Jetzt stellt sich die Lehrerin so hinter die Klapptafel, dass die Schüler ihr beim Durchstreichen der Vokale nicht zusehen können. Sie nennt nun nacheinander verschiedene Wörter, z. B. Schaf. Die Schüler hören genau zu und streichen die jeweiligen Selbstlaute – in unserem Fall also ein a – auf ihrem Block durch. Gibt die Lehrerin ein Wort vor, in dem mehrere Selbstlaute vorkommen, müssen natürlich auch mehrere Selbstlaute durchgestrichen werden, z. B. Beere. Die Schüler streichen drei e auf ihren Blöcken durch. Das Spiel ist zu Ende, wenn nur noch ein oder zwei Buchstaben übrig sind. Die Lehrerin kontrolliert die Ergebnisse der Schüler, indem sie sich die übrig gebliebenen Selbstlaute benennen lässt.

34 Sätze ergänzen *Deutsch*

Die Lehrerin schreibt einen unvollständigen Satz an die Tafel, z. B.: Franz lebt in einem ____________.

Die Schüler haben jetzt einige Minuten Zeit, so viele Wörter wie möglich zu finden, die diesen Satz vervollständigen. Bereits vor der Arbeit werden sie darauf hingewiesen, dass besonders originelle Ergänzungen gefragt sind. Ist die Zeit vorüber, werden die Ergebnisse vorgetragen. Die Lehrerin notiert dabei alle richtigen Lösungen an der Tafel und die Kinder haken gleiche Lösungen auf ihren Blöcken ab. Wer darüber hinaus noch weitere Ergänzungen gefunden hat, meldet sich, liest sie ebenfalls vor, und die Lehrerin notiert sie an der Tafel. Am Ende wird darüber abgestimmt, welche Ergänzung wohl die originellste ist.

	Zelt.
	Campingbus.
	Schweinestall.
	Vogelnest.
Franz lebt in einem	Haifischbauch.
	Hausboot.
	Wolkenkratzer.
	Käfig.
	Federmäppchen.

35 Das Wortschatzrennen *Deutsch*

Die Lehrerin schreibt für jede Schülergruppe einen Anfangs- und Endbuchstaben an die Tafel. Jede Gruppe hat fünf Minuten Zeit, so viele Wörter wie möglich zu den vorgegebenen Buchstaben an die Tafel zu schreiben.

Gruppe 1	Gruppe 2	Gruppe 3	Gruppe 4
B.....l	S.........t	R.........e	K........e

Variation:

Jede Gruppe erhält einen Anfangsbuchstaben und eine Zahl, die angibt, wie viele Buchstaben die Worte haben sollen, nach denen gesucht wird, z. B.

Gruppe 1	Gruppe 2	Gruppe 3	Gruppe 4
B 5	W 4	S 7	T 6
Birne	Wald	Samstag	Träume

36 Die Geheimzahl *Mathematik*

Die Lehrerin schreibt auf beide Tafelflügel die gleichen vier Zahlen, die die Schüler später zusammenzählen sollen, z. B. 7, 12, 1, 14. Zwischen diese Zahlen schreibt sie aber noch vier weitere, jedoch dieses mal auf jeden Tafelflügel andere. Das Ganze sieht zu Spielbeginn dann zum Beispiel so aus:

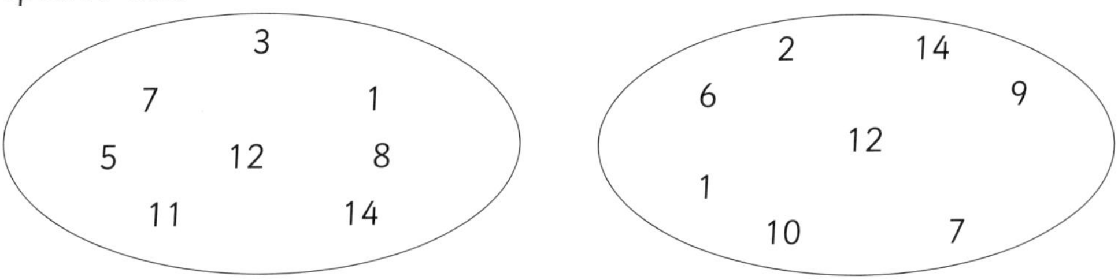

Alle Schüler sollen nun zuerst die vier Zahlen entdecken, die auf beiden Tafelflügeln gleich sind. Dann zählen sie diese Zahlen zusammen und melden sich mit dem Endergebnis, in unserem Fall also 7 + 12 + 1 + 14 = 34. Die ersten drei Kinder, die der Lehrerin die richtige Ergebniszahl zuflüstern können, verdienen eine kleine Belohnung.

37 Das Rätsel des Tages *Deutsch*

Am Morgen vor dem Unterricht schreibt die Lehrerin an die Seitentafel das Rätsel des Tages an. Dazu stellt sie die Buchstaben eines Namens oder einer kleinen Botschaft um, z. B.: ORMNEG TBTIE ERESCHN NIIBGMRTEN! Das heißt: Morgen bitte Scheren mitbringen!
LEISAN NNNMEAU ist der Name einer Mitschülerin und heißt übersetzt: Selina Neumann.
Wer meint, das Rätsel gelöst zu haben, schreibt die Lösung mit seinem Namen auf einen Zettel und steckt ihn bei Gelegenheit der Lehrerin zu. Vor Unterrichtsende wird dann das Rätsel gelüftet. Alle Zettel mit der richtigen Lösung werden in eine Schachtel gelegt und die Lehrerin zieht mit geschlossenen Augen den Gewinner des Tages, der natürlich auch eine kleine Belohnung erhält.

38 Ferngesteuerte Tafelanschrift *Deutsch/Englisch*

Ein Schüler steht an der Tafel und hält ein Stück Kreide in der Hand. Sein Spielpartner denkt sich ein beliebiges Wort, z. B. Haus oder house, und lenkt jetzt den Arm des Tafelschreibers mit Zurufen wie „nach rechts, nach oben und nach unten" so über die Tafel, dass der Schüler das Rätselwort an die Tafel schreibt. Die Mitschüler versuchen natürlich, möglichst schnell herauszubekommen, wie das deutsche oder englische Wort heißt. Wer es als Erster entziffern kann, wird neuer Tafelschreiber und darf sich einen Partner aussuchen, der die Fernsteuerung übernimmt.

39 Das Tafelbild *Deutsch*

Ein Spieler steht an der Tafel und hält ein Stück Kreide in der Hand. Einem zweiten Spieler flüstert die Lehrerin einen beliebigen Begriff ins Ohr, z. B. Segelboot. Dieser Schüler stellt sich hinter den Tafelmaler, zeichnet ihm jetzt ganz langsam ein Segelboot mit dem Finger auf den Rücken. Der Maler überträgt sofort jede Linie an die Tafel. Die Mitschüler beobachten genau, was da gerade an die Tafel gemalt wird. Sobald einer meint, den Begriff erraten zu haben, meldet er sich. Stimmt die Lösung, darf der Schüler den Job des Tafelmalers übernehmen und ein weiteres Kind bestimmen, das in der nächsten Spielrunde der Rückenmaler wird.

40 Die Schwamm-Schlacht *Mathematik*

Ein ungewöhnliches Spiel und nur für Lehrer mit starken Nerven geeignet, aber ein Spiel, bei dem alle Schüler den Umgang mit Lineal und das genaue Messen in Zentimetern und Millimetern schnell lernen. Etwa drei Meter von der Wandtafel entfernt wird auf dem Boden eine Abschusslinie markiert. Der erste Schüler stellt sich hinter diese Linie, bekommt einen feuchten Schwamm und wirft ihn auf die Tafel. Dann erhält er den Schwamm ein zweites Mal und soll den Punkt, den der Schwamm beim ersten Wurf an der Tafel hinterlassen hat, möglichst exakt treffen. Nach dem zweiten Wurf läuft der Spieler zur Tafel und misst unter den kritischen Augen der Mitschüler mit dem Lineal genau die Entfernung der beiden Wasserflecken. Das Ergebnis wird genauestens notiert und schon darf der zweite Schüler sein Glück versuchen. Derjenige, der den geringsten Abstand zwischen den beiden Wasserflecken erzielt, ist natürlich Sieger.

Tipp: Statt des Schwammes kann man auch mit nassen Wattekügelchen oder Kreidestummeln werfen.

41 Tafel-Roulette *Mathematik*

Mindestens so spannend wie in einem Spielkasino wird es jetzt, wenn die Kinder in zwei Gruppen zum Tafelroulette gegeneinander antreten. Jede Gruppe wählt einen Spieler aus, der nach vorne geht und hinter einer Klappseitentafel verschwindet. Zusätzlich wird ausgemacht, welche Gruppe die geraden Zahlen sammelt (0, 2, 4, ...) und welche Gruppe die ungeraden (1, 3, 5, ...). Sobald das Startzeichen gegeben wird, strecken die beiden versteckten Kinder beliebig viele Finger hinter der Tafel vor, z. B. der Spieler von Gruppe 1 zeigt drei Finger, der Spieler von Gruppe 2 zeigt sechs Finger. Die Mitschüler zählen die Finger zusammen (in unserem Fall also 3 + 6 = 9) und es erhält die Gruppe einen Punkt, die die entsprechende Zahlensorte sammelt. Nach zehn Spielen sollte die Siegergruppe feststehen.

42 Würfel-Ex *Mathematik*

Würfel-Ex ist ein Gruppenspiel für maximal fünf Kinder. An der Tafel werden für jeden Spieler die Zahlen von 1 bis 6 untereinander geschrieben. Wenn vier Kinder zusammen spielen wollen, sieht das dann so aus:

Timo	Anne	Paula	Carlos
1	1	1	1
2	2	2	2
3	3	3	3
4	4	4	4
5	5	5	5
6	6	6	6

Nun darf jedes Kind nacheinander einmal würfeln und die entsprechende Zahl an der Tafel wegwischen. Würfelt ein Spieler eine Zahl, die er schon weggewischt hat, so geht er in dieser Runde leer aus. Es gewinnt, wer seine komplette Zahlenreihe als Erster weggewischt hat.

43 Stammplatz gesucht *Fächerübergreifend*

An der Tafel stehen nebeneinander fünf beliebige Zeichen, z. B. Herz, Stern, Blitz, Dreieck, Kreis. Die gleichen Zeichen wurden von der Lehrerin auch auf Zettel gemalt, die sie jetzt fünf Kindern in der Klasse mit Sicherheitsnadeln oder Tesafilmstreifen hinten an die Kleidung heftet. Klar, dass die fünf Kinder nicht wissen, welches Zeichen sie selbst auf dem Rücken tragen.
Sobald das Startzeichen gegeben wird, schleichen diese Kinder umeinander herum, um die Zeichen auf den Rücken der Mitschüler zu sehen. Auf diese Weise können sie darauf schließen, welches Zeichen wohl am eigenen Rücken haftet. Meint ein Schüler, sein Zeichen erraten zu haben, stellt er sich zum gleichen Zeichen an die Tafel. Wer richtig kombiniert und seinen Platz am schnellsten eingenommen hat, gewinnt das Spiel.

Tipp: Anstelle der Symbole könnten auch Zettel mit Ergebniszahlen, Tierbildern, Wortbeispielen für verschiedene Rechtschreibphänomene auf die Rücken der Schüler geheftet werden. An der Tafel stehen dann entsprechende Rechenaufgaben, Tiernamen, Rechtschreibphänomene.

44 Das Kreiderennen *Allgemein*

Zwei Schüler kommen zur Tafel, wo ihnen die Augen verbunden werden. Die Lehrerin malt für jeden „Blinden“ einen Kreis etwa in der Größe eines 2-Euro-Stückes an die jeweilige Tafelhälfte. Die „Blinden“ bekommen ein Stück Kreide in die Hand und setzen sie an einer beliebigen Stelle auf die Tafel. Nun rufen die Helfer der beiden „Blinden“ bestimmte Kommandos, z. B.: „Nach oben, nach links!“. Es gewinnt derjenige, der auf seiner Linienreise an der Tafel zuerst in seinem Kreis gelandet ist.

45 Der Gänsekrimi *Fächerübergreifend*

Fünf Gänse stehen nebeneinander am Ufer und picken fröhlich vor sich hin, nicht ahnend, dass der Fuchs am anderen Flussufer genau fünf Steine weit von ihnen entfernt gar Schreckliches im Sinn hat.

Die Kinder werden in zwei Gruppen eingeteilt, die Gänse- und die Fuchsgruppe. Zuerst wird der Fuchsgruppe eine Aufgabe gestellt, z. B.: „Wie viele Beine hat die Spinne?" Kann die Fuchsgruppe innerhalb von zehn Sekunden die richtige Antwort geben, wird ein Stein im Fluss weggewischt und nur noch vier Steine trennen den Fuchs von den Gänsen. Die nächste Frage geht an die Gänsegruppe. Wenn die Gänsegruppe ihre Frage richtig beantworten kann, darf sie eine Gans in Sicherheit bringen und ihr Bild an der Tafel löschen. So wird weitergespielt, bis entweder alle Gänse in Sicherheit gebracht sind oder der Fuchs den Fluss überquert hat und sich die restlichen Gänse schnappt.

46 Der Staffellauf *Mathematik*

An der Tafel stehen nebeneinander vier Ergebniszahlen und darüber, welche Gruppe für welche Zahl zuständig ist, z. B.:

Gruppe 1	Gruppe 2	Gruppe 3	Gruppe 4
32	**28**	**64**	**56**

Der erste Schüler in jeder Gruppe erhält ein Stück Kreide, rennt, sobald das Startzeichen gegeben wird, zur Tafel und schreibt unter die Ergebniszahl seiner Gruppe eine beliebige Rechenaufgabe, die diese Zahl zum Ergebnis hat.

Zum Beispiel:

Gruppe 1	Gruppe 2	Gruppe 3	Gruppe 4
32	**28**	**64**	**56**
$5 \cdot 6 + 2$	$7 \cdot 4$	$70 - 6$	$7 \cdot 8$

Die Schüler rennen so schnell wie möglich zurück zu ihrer Gruppe und übergeben das Stück Kreide den jeweils nächsten Gruppenmitgliedern. Das Spiel ist nach fünf Minuten zu Ende. Nun werden gemeinsam die Aufgaben kontrolliert. Die Gruppe, die die meisten richtigen Aufgaben zu ihrer Ergebniszahl gefunden hat, gewinnt das Spiel.

47 Wortschatz-Staffellauf *Deutsch*

Dieses Spiel funktioniert nach demselben System wie der Staffellauf, nur dass anstelle der Ergebniszahlen Anfangsbuchstaben von Wörtern angeschrieben werden, zu denen die Schüler Beispiele finden sollen.

Beispiel:

Gruppe 1	Gruppe 2	Gruppe 3	Gruppe 4
Kr-	**Sp-**	**Fl-**	**Tr-**
Kran	Spargel	Flasche	Trommel
Kreuz	Spiegel	Fliege	Träne
Kranz	Sport	Flugzeug	Traum
usw.	usw.	usw.	usw.

48 Das Tier-Quiz *Sachunterricht*

Ein Schüler kommt zur Tafel und überlegt sich ein Tier, das die Schüler nun durch maximal zehn Fragen erraten sollen.
Der Schüler beantwortet alle Fragen, die ihm gestellt werden, schriftlich an der Tafel.

Beispiel:

Fragen:	Antworten:
1. Wie viele Beine hat das Tier?	Vier.
2. In welchem Erdteil lebt es?	Afrika.
3. Wovon ernährt es sich?	Pflanzen usw.

Wer zuerst das richtige Tier nennt, darf sich das nächste Rätseltier ausdenken.

Tipp:

Damit aus dem Spiel kein Ratefix wird, bei dem die Schüler einfach irgendwelche Tiernamen durcheinander schreien, wird vor dem Spiel darauf hingewiesen, dass jeder, der einen falschen Tiernamen nennt, ausscheidet.

49 Mathe-Kreiseln *Mathematik*

An der Tafel stehen in einigem Abstand voneinander fünf Ergebniszahlen, z. B.:

12 30 24 18 40

Unter jeder Zahl steht ein Kind. Nun dürfen die Mitschüler beliebige Rechenaufgaben stellen, die jeweils eine der Zahlen zum Ergebnis haben. Das „Tafelkind“, das für die entsprechende Ergebniszahlen verantwortlich ist, dreht sich einmal im Kreis.

Beispiel:

Ein Mitschüler stellt die Aufgabe 6 · 4. Alle Schüler rechnen, und wenn alles richtig läuft, dreht sich nach einer Weile der Schüler, der unter der 24 an der Tafel steht, im Kreis.

50 Das Marienkäferspiel *Deutsch*

An der Tafel steht ein Wort in MS-Geheimschrift. Das heißt, dass jeder Buchstabe nur als Mit- oder Selbstlaut gekennzeichnet ist.

Beispiel:

Das Wort Stromerzeugung heißt in MS-Geheimschrift:
MMMSMSMMSSMSMM.
Daneben malt die Lehrerin einen Marienkäfer mit sechs unausgefüllten Punkten. Nun dürfen die Schüler nacheinander beliebige Buchstaben abfragen, z. B. g. Kommt der Buchstabe im Wort nicht vor, wird ein Punkt des Marienkäfers ausgemalt. Ist der Buchstabe aber im Wort enthalten, schreibt die Lehrerin ihn unter die entsprechende Stelle im Wort.

In unserem Fall also: MMMSMSMMSSMSMM
g g

Das Spiel ist zu Ende, wenn ein Schüler den richtigen Begriff nennt oder wenn im Marienkäfer schon alle Punkte ausgemalt sind und die Lehrerin schließlich die richtige Lösung verrät.

51 Buchstabenquirl *Deutsch*

Die Lehrerin schreibt ein beliebiges Wort in anderer Reihenfolge der Buchstaben an die Tafel. Die Lehrerin denkt sich z. B. das Wort Geheimnis und schreibt: HEMEGISNI. Die Schüler knobeln still vor sich hin. Wer das Lösungswort zuerst nennt, darf ein neues Quirlwort an die Tafel schreiben.

Tipp: Auch Sätze können auf diese Weise verquirlt werden, z. B.: Mit erzeugen Strom man Windkraft kann. Das bedeutet natürlich: Mit Windkraft kann man Strom erzeugen.

52 Mitlaut – Selbstlaut *Deutsch*

Die Lehrerin schreibt einen beliebigen Satz ohne Selbstlaute an die Tafel, z. B.: Mrgn kmmt dr Nkls. Na, da werden die Schüler noch ziemlich schnell draufkommen, dass der Satz so heißen muss: Morgen kommt der Nikolaus. Aber wer findet eine brauchbare Lösung für diesen Satz, der ganz ohne Mitlaute auskommen will?

ee e ei au eie u

Schenke dem Schwein auch einen Kuss!

Lege den Stein auf deinen Fuß!

Hebe den Hering auf meinen Bus! …

53 Das Wortrahmen-Rätsel *Deutsch*

Die Lehrerin überlegt sich einen beliebigen, möglichst erfreulichen Rätselsatz, z. B.: Heute gibt es keine Hausaufgabe. Sie schreibt nur die Rahmen der einzelnen Wörter an die Tafel, also:

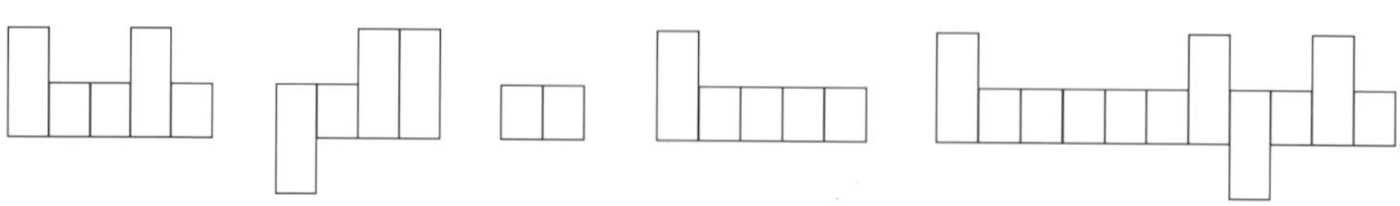

Nacheinander darf jeder Schüler jetzt nach einem beliebigen Buchstaben fragen, z. B. nach u. Die Lehrerin trägt die Buchstaben jeweils in die entsprechenden Kästchen ein, etwa so:

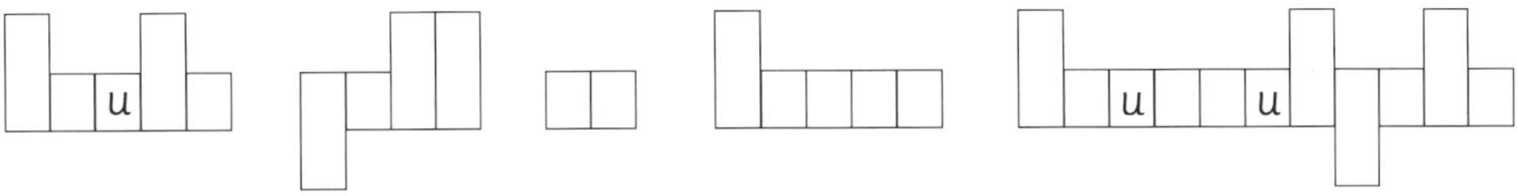

So wird weitergerätselt, bis schließlich ein Schüler der Klasse den Rätselsatz erkennen kann und ihn den Mitschülern vorliest. Applaus für den Sieger!

54 Mathe-Bingo *Mathematik*

An der Tafel stehen zehn Rechenaufgaben, z. B.:

$7 \cdot 5$ $3 \cdot 7$ $9 \cdot 6$

$7 \cdot 9$ $3 \cdot 8$

$9 \cdot 2$ $4 \cdot 3$

$6 \cdot 7$ $3 \cdot 10$ $6 \cdot 5$

Ein Kind wird ausgewählt, das jetzt zur Tafel kommt und schon einmal still für sich die Aufgaben rechnen kann. Jeder Schüler wählt sich nun eine beliebige Aufgabe aus, rechnet sie aus und notiert das Ergebnis auf den Block. Damit nicht geschwindelt werden kann, zeigt jeder seine Ergebniszahl dem Nachbarn. Alle Schüler stehen auf. So, nun ist der Schüler an der Tafel dran, die Rechnungen in beliebiger Reihenfolge laut vorzurechnen und die entsprechende Lösungszahl dazuzuschreiben. Sobald eine Lösungszahl angeschrieben wird, setzen sich alle die Mitschüler, die sich diese Zahl notiert haben. Es gewinnt, wer am längsten stehen bleiben darf, also derjenige oder diejenige, deren Aufgabe erst ganz zum Schluss ausgerechnet wird.

55 Die Satz-Baustelle II *Deutsch*

Die Schüler spielen in zwei Gruppen gegeneinander. Sobald das Startzeichen gegeben wird, laufen die ersten Mitglieder beider Gruppen zur Tafel und schreiben jeweils ein beliebiges Wort an. Dann laufen sie zurück zu ihrer Gruppe, übergeben jeweils das Stück Kreide wie den Stab beim Staffellauf an den zweiten Schüler ihrer Gruppe. Die nächsten beiden laufen zur Tafel und ergänzen die angeschriebenen Wörter jeweils um ein Neues.

Gruppe 1			Gruppe 2		
Schüler 1	Schüler 2	Schüler 3	Schüler 1	Schüler 2	Schüler 3
Mein	altes,	klappriges	Heute	hat	unser

So wird an den Sätzen weitergebastelt, bis auch der letzte Schüler an der Reihe war. Nun sollten die Sätze fertig gestellt sein. Es gewinnt die Gruppe, deren Satz fehlerlos ist. Sollte das bei beiden Sätzen der Fall sein, entscheidet die Lehrerin, welcher Satz der originellere ist.

Gruppe 1

Mein altes, klappriges Fahrrad steht jeden Tag zuverlässig vor unserer Schule und wartet auf mich.

Gruppe 2

Heute hat unser kleiner Hausmeister den Markus geschimpft, weil er seine leere Coladose zertreten hat.

Tipp:

Es ist erlaubt, nach Belieben Wörter am Anfang, in der Mitte oder am Ende des Satzes zu ergänzen.

56 Einbeiniges Tafelhüpfen

Deutsch/Englisch

Die Schüler werden in zwei gleich große Gruppen unterteilt und so durchnummeriert, dass es zwei Schüler mit der Nummer 1, zwei Schüler mit der Nummer 2 usw. gibt. Klar, dass jede Nummer in jeder Gruppe einmal enthalten sein muss. Nun nennt die Lehrerin ein beliebiges Merkwort, z. B. Schmetterling, und gibt dazu eine Nummer an, z. B. Nummer 4.
Sofort stehen beide Kinder, die die Nummer 4 tragen, auf, hüpfen auf einem Bein zur Tafel und schreiben das Merkwort an. Derjenige, der das Wort komplett und natürlich fehlerfrei zuerst an die Tafel geschrieben hat, erhält einen Punkt für seine Gruppe. So wird weitergehüpft und weitergeschrieben, bis eine Gruppe ihren zehnten Punkt ergattert hat und zur Siegergruppe ernannt wird.

Tipp:
Auf diese Weise macht das Vokabelabfragen im Englischunterricht viel mehr Spaß als bei der herkömmlichen Methode und außerdem lernen die Schüler ihre Vokabeln wesentlich zuverlässiger.

57 Silbenkatastrophe

Deutsch

Die Schüler der Klasse werden in drei gleich große Gruppen unterteilt. Ein Schüler wird zum Spieler ernannt und darf sich vor die Tafel stellen, sein Gesicht den Schülern zugewandt. Die Lehrerin schreibt jetzt die drei Gruppennamen an die Tafel und jeweils darunter eine Silbe eines dreisilbigen Wortes, z. B.:

Gruppe 1	Gruppe 2	Gruppe 3
Mär	chen	buch

Dann gibt die Lehrerin das Startzeichen für die Silbenkatastrophe. Alle Schüler der Gruppe 1 rufen Mär, Mär, Mär …, die Schüler von Gruppe 2 rufen gleichzeitig chen, chen, chen … und die Schüler von Gruppe 3 ergänzen buch, buch, buch … Die Katastrophe endet erst, wenn der Schüler an der Tafel seine Hand hebt und damit das Zeichen gibt, dass er das dreisilbige Rätselwort erkannt hat. Nennt er das richtige Wort, darf er gleich einen weiteren Schüler bestimmen, der das nächste Katastrophenwort erkennen soll.

58 Die Lippenleser *Deutsch*

An der Tafel stehen etwa 20 Wörter. Ein Kind wird ausgesucht, das sich jetzt mit dem Rücken zur Tafel vor die Klasse stellt. Die Lehrerin deutet nun auf eines der Tafelwörter, z. B. auf das Wort Pinguin. Sofort dürfen alle Schüler das Wort so deutlich wie möglich vorsprechen, jedoch ohne dabei einen Laut von sich zu geben. Kann der Schüler den Mitschülern das Rätselwort von den Lippen ablesen? Wenn der Schüler das richtige Wort nennt, darf er einen Mitschüler bestimmen, der gleich als Nächster vor die Klasse treten darf.

59 Wörterspringen *Deutsch*

An die Tafel wird ein Quadrat, bestehend aus vier mal vier Kästchen, gezeichnet und jedes Feld mit einem anderen Buchstaben beschriftet, z. B. so:

H	C	S	L
F	A	E	G
Z	N	B	W
I	M	R	U

Die Klasse wird in Gruppen geteilt, die jetzt gegeneinander antreten. Abwechselnd darf immer ein Mitglied einer Gruppe ein Wort im Buchstabenquadrat „springen“, wobei man jeweils nur in waagerecht, senkrecht oder diagonal direkt angrenzende Felder hüpfen darf.

Beispiel:

Ein Schüler von Gruppe 1 springt das Wort Hase und erhält dafür pro Buchstabe des Wortes einen Punkt, also vier Punkte für Gruppe 1. Der Schüler von Gruppe 2 springt das Wort Gewebe und erhält sechs Punkte für seine Gruppe usw. Nach fünf Spielrunden wird der Punktestand ermittelt und die Siegergruppe beglückwünscht.

60 Mathe-Solitär *Mathematik*

Zwei kleine Schülergruppen spielen gegeneinander an verschiedenen Tafelflügeln. Für jede Gruppe wird dieses Spielfeld aufgezeichnet:

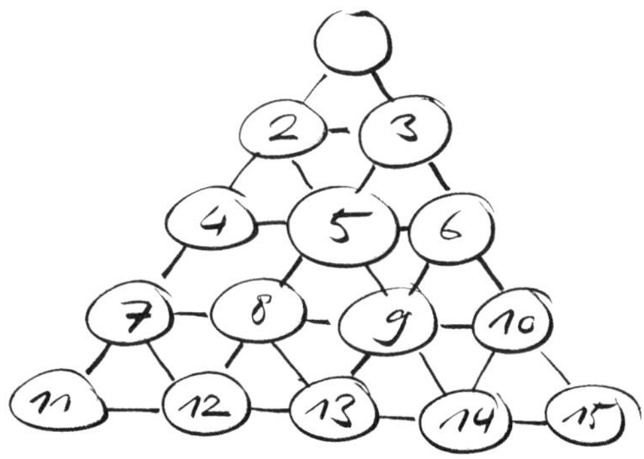

Das Ziel des Spiels besteht darin, möglichst viele Zahlen mit hohem Wert zu erbeuten. Dazu darf mit einer Zahl über eine andere in ein leeres Feld gesprungen werden. Die Zahl, die übersprungen wurde, wird im Spielfeld gelöscht und daneben als Beute an die Tafel geschrieben. Zu Spielbeginn gibt es nur zwei mögliche Züge: Entweder man springt mit der 4 über die 2 in das leere Feld und erbeutet also die 2 oder man springt mit der 6 über die 3 und erbeutet die 3. Natürlich darf man nur entlang der eingezeichneten Wege springen und man wird versuchen, so geschickt zu springen, dass möglichst wenig Zahlen im Spielfeld übrig bleiben. Sind beide Gruppen fertig, gibt es also keinen weiteren Zug mehr, addieren die Schüler ihre erbeuteten Zahlen. Wer das höhere Ergebnis hat, gewinnt.

61 Wörterfantasie *Deutsch*

Schreiben Sie zehn markante Wörter aus dem neuen Lesetext, der den Kindern noch nicht bekannt ist, an die Tafel und lassen Sie die Kinder darüber fantasieren, worum es sich wohl in diesem neuen Lesestück handeln wird.

62 Ja und Nein *Sachunterricht*

Für dieses sehr spannende Wettspiel werden die Schüler in zwei gleich große Gruppen unterteilt. Jeder Schüler erhält eine Nummer. In einer Klasse mit 30 Schülern gäbe es dann die Nummern von 1 bis 15 zweimal. An der linken Seitentafel steht das Wort Ja, an der rechten Seitentafel Nein. Nun stellt die Lehrerin nacheinander verschiedene Behauptungen zum Unterrichtsstoff auf, z. B.: Der Star ist ein Zugvogel. Dazu gibt sie eine Nummer an, z. B. 8. Beide Schüler mit der Nummer 8 rennen in diesem Fall sofort zur „Ja"-Tafel und schlagen dort mit der Hand an. Wer zuerst an der richtigen Tafel anschlägt, erhält einen Punkt für seine Gruppe.

63 Gefangen *Allgemein*

Zwei kleine Schülergruppen können dieses kleine Strategiespiel gegeneinander an einer Seitentafel mit Kästchen spielen. Abwechselnd darf jede Gruppe ein Kästchen mit einem Kreuz in ihrer Gruppenfarbe belegen. Es gewinnt die Gruppe, der es gelingt, ein gegnerisches Feld von allen vier Seiten zu umzingeln.

		X			
	X	X	**X**	X	
		X	X		
			X	X	
			X		

64 Spiegelschrift *Fächerübergreifend*

Ein Schüler stellt sich so im Klassenzimmer auf, dass die Sonne auf den kleinen Spiegel scheint, den er in der Hand hält. Dann bewegt er den Spiegel so, dass der reflektierte Lichtstrahl auf die Tafel trifft. Ganz langsam, sodass alle Mitschüler es gut beobachten können, schreibt der Schüler einen Buchstaben, ein deutsches bzw. englisches Wort oder eine Rechenaufgabe an die Tafel. Wer genau aufgepasst hat und zuerst nennt, was hier geschrieben wurde, darf als Nächster etwas mit dem Spiegel an die Tafel schreiben.

65 Von A bis Z *Deutsch*

Alle Buchstaben des Alphabets werden einzeln auf DIN-A5- oder DIN-A6-Kärtchen geschrieben, gut gemischt und in eine Schachtel gelegt. Die Lehrerin zieht als Erste ein Kärtchen aus der Schachtel, zeigt es der Klasse und klebt das Kärtchen an die Tafel. Nun darf nacheinander jeder Schüler ein Buchstabenkärtchen ziehen, den Buchstaben seinen Mitschülern zeigen und das Kärtchen so an die Tafel heften, dass am Ende das gesamte Alphabet in richtiger Reihenfolge an der Tafel zu sehen ist.

66 Einer fehlt *Deutsch*

Schreiben Sie die Buchstaben des Alphabets kreuz und quer auf die Tafel und versprechen Sie demjenigen eine kleine Belohnung, der zuerst herausfindet, welcher Buchstabe fehlt.

67 Lotto für Römer *Mathematik*

Jedes Kind erhält einen Lottoschein. An der Tafel stehen untereinander sechs römische Zahlen aus dem Zahlenraum von 1 bis 50. Die Schüler übersetzen diese Zahlen still für sich, kreuzen die sechs Richtigen auf ihren Lottoscheinen an und tauschen die Scheine dann mit ihren Banknachbarn zur Kontrolle.

XXXII ⟶ 32
IX ⟶ ___
XXVII ⟶ ___
XV ⟶ ___
XXVI ⟶ ___
XIV ⟶ ___

1	2	3	4	5	6	7
8	9	10	11	12	13	14
15	16	17	18	19	20	21
22	23	24	25	26	27	28
29	30	31	32 (X)	33	34	35
36	37	38	39	40	41	42
43	44	45	46	47	48	49

68 Die große Teilung *Mathematik*

Wieder treten zwei Schülergruppen gegeneinander an. An der Tafel wird ein Rechteck mit vier mal vier Feldern vorbereitet und mit Vielfachen der Zahlen von 2 bis 6 beschriftet.

20	12	16	9
8	10	27	25
14	24	4	36
6	2	30	12

Der erste Spieler der Gruppe würfelt z. B. eine 5. Jetzt darf er ein beliebiges Feld in seiner Gruppenfarbe ausmalen, dessen Zahl durch die gewürfelte Zahl 5 teilbar ist, z. B. 25. Abwechselnd wird weitergewürfelt.

Würfelt ein Schüler eine Zahl, zu der er kein weiteres Feld mehr besetzen kann, so geht die Gruppe in dieser Runde leer aus und die Partnergruppe ist wieder an der Reihe. Wird eine 1 gewürfelt, so darf der Spieler den Wurf wiederholen. Es gewinnt die Gruppe, der es zuerst gelingt, vier Felder waagerecht, senkrecht oder diagonal in ihrer Gruppenfarbe auszumalen.

69 Die Zahl 21 *Mathematik*

Zwei Schülergruppen treten zu diesem kniffligen Rechenspiel an der Tafel gegeneinander an. Für jede Gruppe wird eine Tabelle vorbereitet.

Aufgabe	Ergebnis	Minuspunkte

Der erste Spieler der Gruppe A würfelt mit drei Würfeln gleichzeitig, z. B. die Zahlen 6, 2 und 6.
Nun soll er mit den gewürfelten Zahlen eine Rechnung aufstellen, deren Ergebnis möglichst nahe an die Zahl 21 kommt. Der Unterschied zwischen seinem Ergebnis und der Zahl 21 wird als Minuspunkte notiert. Der Schüler könnte z. B. alle drei Zahlen addieren. Das Ergebnis 14 verglichen mit der Zahl 21 brächte ihm sieben Minuspunkte ein. Rechnet der Schüler aber $6 \cdot 6 : 2$, müssten ihm nur drei Minuspunkte aufgeschrieben werden. Jeder Schüler ist mindestens einmal mit Würfeln und Rechnen an der Reihe. Am Ende werden die Minuspunkte von jeder Gruppe zusammengezählt und es gewinnt natürlich die Gruppe, die weniger Minuspunkte auf ihrem Konto hat.

Aufgabe	Ergebnis	Minuspunkte
$6 \cdot 6 : 2 =$	18	3
$4 \cdot 6 - 2 =$	22	1
$(3 + 6) \cdot 2 =$	18	3
$(3 + 4) \cdot 3 =$	21	0
$5 \cdot 5 - 3 =$	22	1
$(4 + 6) \cdot 2 =$	20	1
$(1 + 1) \cdot 2 =$	4	17
$(4 + 4) \cdot 3 =$	24	3

70 Zwanzig siegt *Mathematik*

An die Tafel werden in einigem Abstand zueinander die Zahlen von 1 bis 9 angeschrieben. Zwei Schüler kommen zur Tafel, jeder erhält eine andersfarbige Kreide. Abwechselnd darf jeder eine beliebige Zahl einkreisen, diese Zahl zur Summe der vorhergehenden Zahlen addieren und versuchen, das Ergebnis 20 zu erreichen. Eine Zahl, die von einem Spieler eingekreist wurde, kann nicht mehr vom Gegner verwendet werden. Bei diesem Spiel muss man nicht nur versuchen, selbst zum Ziel zu gelangen, sondern man muss auch verhindern, dass der Gegner die Zahl 20 zuerst erreicht. Wenn es keinem der Spieler gelingt, die Zahl 20 zu erreichen, spielen sie noch einmal gegeneinander. Diesmal darf aber der andere Spieler beginnen.

71 Das Mengenspiel *Mathematik*

An die Tafel werden zwei sich schneidende Mengenkreise gezeichnet und beschriftet, z. B. so:

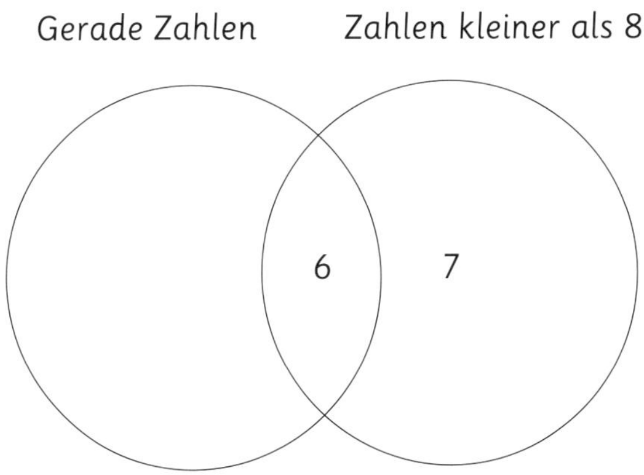

Ein Spieler würfelt gleichzeitig mit zwei Würfeln und addiert die Augen, z. B. 4 + 3 = 7. Die Zahl 7 ist ungerade und kleiner als 8. Sie wird also in den rechten Kreis eingetragen. Der nächste Spieler würfelt vielleicht 3 + 3 = 6. Die Zahl 6 ist sowohl eine gerade Zahl als auch kleiner als 8. Sie wird also in die Schnittmenge der Kreise eingetragen. Ungerade Zahlen, die größer sind als 8, sind in diesem Fall Nieten.
Wer das Mengenspiel im Wettbewerb spielen möchte, bildet zwei Schülergruppen. Jede Gruppe trägt ihre Zahl mit einer andersfarbigen Kreide ein. Nach zehn Würfelrunden wird nachgezählt, welche Gruppe die meisten Zahlen in die Mengenkreise eingetragen hat.

72 Würfelquadrat *Mathematik*

Die Schüler spielen in drei gleich großen Gruppen A, B und C gegeneinander. Für jede Gruppe wird an die Tafel ein Quadrat mit drei mal drei Feldern aufgemalt. Der erste Spieler von Gruppe A würfelt und trägt die entsprechende Zahl in ein beliebiges Feld seines Gruppenquadrats ein. Dann ist ein Schüler von Gruppe B an der Reihe, danach einer von Gruppe C usw. Es wird so lange weitergewürfelt, bis jede Gruppe ihr Quadrat komplett mit Zahlen ausgefüllt hat.

Achtung! Ist eine Zahl einmal im Quadrat eingetragen, darf sie nicht mehr vertauscht werden. Dann wird folgendermaßen gerechnet: Alle Zahlen in waagerechter Reihe werden multipliziert und die Ergebnisse anschließend addiert. Alle Zahlen in senkrechter Reihe werden addiert. Alle Zahlen in den Diagonalreihen werden addiert und am Schluss vom Gesamtergebnis der Gruppe subtrahiert. Die Gruppe mit der größten Ergebniszahl ist Sieger.

Gruppe A

3	4	5	→ 60	
6	6	1	→ 36	108
2	3	2	→ 12	
↓ 11	↓ 13	↓ 8		

↙ 13 ↘ 11

11 + 13 + 8 = 32

108 + 32 − 13 − 11
= 116

Gruppe B

4	5	1	→ 20	
6	3	1	→ 18	40
2	1	1	→ 2	
↓ 12	↓ 9	↓ 3		

↙ 6 ↘ 8

12 + 9 + 3 = 24

40 + 24 − 6 − 8
= 50

Gruppe C

3	6	1	→ 18	
1	1	2	→ 2	200
6	6	5	→ 180	
↓ 10	↓ 13	↓ 8		

↙ 8 ↘ 9

10 + 13 + 8 = 31

200 + 31 − 8 − 9
= 214
Sieger

73 Anfang, Mitte und Ende *Deutsch*

Dieses Wettspiel ist ganz besonders bei Kindern der ersten Klasse beliebt. Die Lehrerin schreibt einen Buchstaben, der gerade neu gelernt wurde, folgendermaßen an die Tafel:

Anlaut	Inlaut	Auslaut
T	**t**	**t**

Die Schüler bilden zwei gleich große Gruppen, jeder erhält eine Nummer, sodass in jeder Gruppe die gleichen Zahlen vorhanden sind. Dann nennt die Lehrerin ein Wort, z. B. Salat, und eine Nummer, vielleicht 4. Beide Kinder, die die Nummer 4 tragen, überlegen schnell, ob sich T t am Wortanfang, in der Mitte oder am Ende des vorgegebenen Wortes befindet und laufen dann blitzschnell zur jeweiligen Tafel. Wer an der richtigen Tafel zuerst anschlägt, erhält einen Punkt für seine Gruppe. Etwa 20 Wörter werden auf diese Weise analysiert, bevor schließlich die Punktestände verglichen und die Siegergruppe ermittelt wird.

74 Sternenzauber

Mathematik

Vier fünfzackige Sterne werden nebeneinander an die Tafel gemalt und mit Zahlen beschriftet.

Nun darf sich ein Kind eine Zahl aussuchen, z. B. die 8. Natürlich verrät das Kind nicht, welche Zahl es ist. Aber es muss der Lehrerin angeben, in welchen Sternen seine Zahl vorkommt. In unserem Fall also in den Sternen 1, 3 und 4. Die Lehrerin addiert schnell diese Zahlen (1 + 3 + 4 = 8) und weiß auch schon, welche Zahl sich der Schüler ausgedacht hat. So wird weitergespielt, bis schließlich ein Schüler meint, hinter den Sternenzauber gekommen zu sein. Zur Kontrolle darf er gleich selbst die nächste Lösungszahl berechnen.

Weiteres Beispiel:

Die Geheimzahl kommt in den Sternen Nummer 1, 2 und 3 vor. Sie zählen die Nummern zusammen, also 1 + 2 + 3, und wissen, dass 6 die Geheimzahl ist.

75 Das Tafelspiel *Deutsch*

Jetzt steht die Tafel ganz deutlich im Mittelpunkt des Spiels. Abwechselnd nennt jeder Schüler ein zusammengesetztes Wort, in dem Tafel als Grund- oder Bestimmungswort vorkommt, z. B. Tafellappen, Wandtafel, Schokoladentafel, Seitentafel, Tafelberg usw. Wer kein neues Tafelwort mehr weiß, scheidet aus und hört den anderen Kindern zu, die so lange weiterspielen, bis nur noch ein Tafelsieger übrig bleibt.

76 Die Lauschbuchstaben *Deutsch*

Zwei Kinder kommen zur Tafel. Eines nimmt sich eine Kreide und schreibt einen beliebigen Buchstaben langsam an die Tafel. Der Spielpartner steht nahe dem Schreiber, er hält seine Augen fest geschlossen und soll nur durch das Schreibgeräusch und die Bewegung des Schreibers erraten, welcher Buchstabe da gerade aufgeschrieben wird.

77 Wortverwandtschaft *Deutsch*

Ein Schüler kommt zur Tafel und schreibt zwei Wörter aus dem aktuellen Nachschriftentext an, zwischen denen eine Verwandtschaft besteht, z. B.:

Papagei	– verstehen	(beide Wörter bestehen aus drei Silben)
Winter	– halten	(beide Wörter bestehen aus sechs Buchstaben)
Rosenkohl	– Autobahn	(beides sind zusammengesetzte Nomen)

Die Mitschüler knobeln, worin die Verwandtschaft der Wörter besteht. Wer zuerst die Lösung nennt, darf die nächsten beiden Verwandten an die Tafel schreiben.

Achtung! Es kommt durchaus vor, dass ein Mitschüler eine Verwandtschaft feststellt, die der Spieler gar nicht gemeint hat. Klar, dass dieser Schüler dann trotzdem die Aufgabe richtig gelöst hat.

78 Das Sechser-Quadrat *Mathematik*

Die Schüler versuchen, die Zahlen 1, 2 und 3 so in die leeren Felder des Quadrates einzusetzen, dass die Summe jeder Reihe waagerecht, senkrecht und diagonal 6 ergibt.

Vorgabequadrat:

○	○	②
③	○	○
○	○	○

Lösung:

①	③	②
③	②	①
②	①	③

79 Der Regentext *Deutsch*

Ein Nachschriftentext, ein Gedicht oder ein beliebiger anderer Text, den sich die Schüler einprägen sollen, wird an die Tafel geschrieben und von den Schülern mehrmals laut vorgelesen.

Dann erhält ein Schüler einen nassen Schwamm und darf ihn dreimal auf beliebige Stellen an der Tafel drücken, sodass einige Buchstaben oder Buchstabenteile unter den Regentropfen verschwinden. Wieder wird der Text vorgelesen. Ein zweiter Schüler darf an die Tafel kommen und drei weitere Regentropfen auf den Tafeltext drücken. So wird weitergelesen und getropft, bis fast gar nichts mehr vom ursprünglichen Text zu erkennen ist, die Schüler ihn aber trotzdem noch perfekt „lesen“ können.

80 Das Schlangen-ABC *Deutsch*

An die Tafel wird das Alphabet in großen Druckbuchstaben geschrieben. Seltene Buchstaben wie C, Q, X und Y können weggelassen werden. Die Aufgabe der Schüler besteht jetzt darin, die ABC-Schlange so schnell wie möglich mit Wörtern aus dem Nachschriftentext zu vernichten.
Ein Schüler nennt vielleicht das Wort Samstag, kommt an die Tafel und streicht die Buchstaben S-A-M-T-G. Der nächste Schüler liest das Wort Starenkasten vor und darf noch die Buchstaben R-E-N-K in der ABC-Schlange vernichten.
So wird weitergespielt, bis die ABC-Schlange ihr Tafeldasein verwirkt hat.

81 Das Abecedarium *Deutsch*

In diesem Spiel dürfen beliebige Sätze gebildet werden. Einzige Bedingung: Immer ordentlich das Alphabet entlang.
An die Tafel wird das gesamte Alphabet geschrieben. Die Schüler kommen in zwei Gruppen, die gegeneinander spielen, vor zur Tafel.
Ein Spieler von Gruppe A beginnt und sagt vielleicht: „**A**bends **b**rät **C**hristian **d**ie **E**ier." Für diesen Satz erhält die Gruppe A fünf Punkte, also pro Wort einen Punkt. Die Schüler der Gruppe B bilden jetzt einen Satz, der mit F beginnt, z.B.: „**F**reitags **g**eht **H**ans **i**n **J**udo." Das Spiel ist zu Ende, wenn die Schüler bei Z angekommen sind.
Jetzt wird der Punktestand verglichen und so die Siegergruppe ermittelt.

82 Das Schäfchenspiel *Allgemein*

Mit diesem einfachen Konzentrationsspiel kann man eine Gruppe Schüler eine ganze Weile wunderbar beschäftigen.
Zeichnen Sie ganz links an die Tafel ein kleines Schaf und in das Schaf einen Startpunkt. Rechts vom Schaf werden in gleichen Abständen zueinander sieben senkrechte Striche, die Hürden, gezeichnet.
Der erste Spieler prägt sich die Renn- und Hüpfstrecke des Schafes genau ein und setzt seine Kreide auf den Startpunkt, bevor ihm die Augen verbunden werden.
Dann soll er mit seiner Kreide für das kleine Schaf über alle sieben Hürden springen. Ist er am Ende angekommen, wird ihm die Augenbinde abgenommen und er erhält so viele Punkte, wie er Hürden übersprungen hat.

83 Paris - Dakar *Allgemein*

An der Tafel wird ein Startfeld (Paris) und ein Zielfeld (Dakar) markiert. Paris und Dakar werden jetzt mit einer kurvigen Strecke, die man als Doppellinie aufzeichnet, miteinander verbunden. Der erste Rennfahrer setzt seine Kreide auf das Startfeld, bevor ihm die Augen verbunden werden. Der Spielleiter ruft „Start“ und stoppt die Zeit, die der Rennfahrer braucht, um mithilfe von Zurufen eines Mitschülers von Paris nach Dakar zu gelangen. Schnell muss man dabei schon sein, aber trotzdem sorgfältig genug, denn der „Wagen“ darf nicht aus der Spur geraten. Passiert das dennoch, scheidet der Rennfahrer aus! Es gewinnt natürlich derjenige, der die Strecke von Paris nach Dakar fehlerfrei in der kürzesten Zeit zurückgelegt hat.

84 Ergebniswettlauf *Mathematik*

Eine Gruppe Schüler stellt sich an der Rückwand des Klassenzimmers nebeneinander auf. Die Lehrerin schreibt an die mittlere Tafelfläche und die beiden Seitenflächen jeweils eine andere Ergebniszahl, z. B. 7, 4 und 12. Nun gibt die Lehrerin langsam eine beliebige Kettenrechnung an, die eine der Tafelzahlen zum Ergebnis hat. Sie sagt z. B.: „7 − 4 + 5 : 2 =“. Auf das Kommando „ist gleich“ rennen die Schüler zu der Ergebniszahl, in unserem Fall also zur 4.
Der Schüler, der zuerst an der richtigen Tafel anschlägt, darf sich setzen. Alle übrigen Schüler traben wieder zurück zur Rückwand des Klassenzimmers und warten auf die nächste Rechnung, die ihnen die Lehrerin oder vielleicht der Sieger der Vorrunde stellt.

85 Ich seh' ein Wort, das du nicht siehst ... *Deutsch/Englisch*

Ein Schüler sucht sich ein Wort aus einem Tafeltext aus und sagt z. B.: „Ich seh' ein Wort, das du nicht siehst, und es besteht aus acht Buchstaben.“ Die Mitspieler lesen blitzschnell den Text durch und suchen in Gedanken alle Wörter mit acht Buchstaben heraus. Schon gibt der Schüler die nächste Aufgabe vor, vielleicht: „Ich seh' ein Wort, das du nicht siehst. Es hat acht Buchstaben und ist ein Nomen.“ Wieder suchen die Mitspieler still für sich aus den Wörtern mit acht Buchstaben die Nomen heraus. So wird weitergespielt, bis ein Schüler glaubt, das Rätselwort eindeutig herausgefunden zu haben. Dieser Spieler meldet sich und flüstert dem Spielleiter das Lösungswort ins Ohr. Ist es nicht richtig, scheidet dieser Schüler aus. Hat er aber das richtige Wort gefunden, darf er gleich den nächsten Hinweis auf das Rätselwort geben, bis schließlich alle Mitspieler wissen, um welches Wort es sich handelt.

86 Das Wort-im-Satz-Spiel *Deutsch*

Ein beliebiger Merktext, der an der Tafel steht, wird mehrmals von den Schülern gelesen. Dann schickt man ein Kind aus dem Klassenzimmer und die Übrigen einigen sich auf ein möglichst unauffälliges Wort im Text, z. B. auf das Wort „wieder“. Der Schüler wird ins Klassenzimmer zurückgerufen und darf nun nacheinander beliebige Mitspieler aufrufen, die ihm einen Satz nennen, in dem das Geheimwort vorkommt.
Schlau wäre es natürlich, Sätze zu formulieren, in denen gleich mehrere Wörter aus dem Merktext vorkommen.
Spätestens nach zehn Sätzen muss der Spieler das Geheimwort gefunden haben oder doch zumindest einen Verdacht äußern, um welches Wort es sich handelt.

87 Die Rechenleiter *Mathematik*

Für jede Schülergruppe wird eine Leiter mit fünf Stufen an die Tafel gezeichnet. Die Lehrerin gibt nun nacheinander beliebige Rechenaufgaben an. Der Schüler, der das richtige Ergebnis zuerst nennt, darf die unterste Sprosse seiner Gruppenleiter weglöschen. Die Gruppe, deren Leiter zuerst ohne Sprossen ist, gewinnt.

Achtung: Damit nicht nur die Klassenbesten gegeneinander spielen, wird ausgemacht, dass jeder Schüler, der eine Sprosse wegwischen konnte, nicht mehr aktiv am Spiel teilnehmen darf.

88 Streich weg! *Mathematik*

An die Tafel werden die folgenden Strichgruppen gemacht:

①	②	③	④	⑤	⑥	⑦
I	II	III	IIII	IIIII	IIIIII	IIIIIII

Die Schüler spielen in zwei Gruppen gegeneinander.
Abwechselnd darf jede Gruppe beliebig viele Striche an der Tafel löschen, wobei darauf zu achten ist, dass stets nur in einer Gruppe Striche gelöscht

werden. Wie viele aber, ist egal. So könnte man beispielsweise in Gruppe ③ einen, zwei oder auch alle drei Striche auf einmal löschen. Gutes Überlegen, strategisches Vorgehen und Konzentration ist von allen Schülern gefordert, denn es verliert die Gruppe, die den letzten Strich löschen muss!

89 Die Rätselwörter-Pantomime

Fächerübergreifend

Ein Schüler stellt sich mit dem Rücken zur Tafel vor die Klasse.
Die Lehrerin schreibt einen beliebigen Begriff hinter dem Rücken des Schülers an die Tafel, z. B. Elefant.
Sofort versuchen die Mitspieler, den Begriff pantomimisch darzustellen.
Der Spieler betrachtet seine Mitschüler genau und versucht, möglichst schnell den richtigen Begriff zu erraten.

90 Achtung, geheim! *Fächerübergreifend*

Die Lehrerin schreibt eine beliebige Botschaft in Geheimschrift an die Tafel und dazu den Code zum Entschlüsseln.
Als Codewort sollte ein möglichst langes Wort ausgesucht werden, mit mehreren Buchstaben, z. B.:

S A H N E T O R T E
1 2 3 4 5 6 7 8 6 5

Gleiche Buchstaben bedeuten immer auch gleiche Zahlen. Alle Buchstaben der Geheimbotschaft, die im Codewort vorkommen, erhalten die entsprechende Zahl, alle übrigen Buchstaben werden ganz normal in die Botschaft eingefügt.

Beispiel:

STROM → 1687M

WIR HABEN JETZT PAUSE. → WI8 32B54 J56Z6 P2U15.

So schreibt die Lehrerin nacheinander verschiedene verschlüsselte Aufforderungen an die Tafel. Es gewinnt, wer zuerst alle Geheimbotschaften entschlüsselt hat.

91 Die Besserwisser *Deutsch*

Die Lehrerin schreibt einen beliebigen Satz (vielleicht einen aus dem letzten Diktattext) an die Tafel, z. B.: Meine Mutter ging gestern in die Stadt.
Nun darf ein Spieler nach dem anderen an die Tafel kommen, ein Wort im Satz ändern und diesen neuen Satz an die Tafel schreiben, z. B.: Meine **Oma** ging gestern in die Stadt. → Meine Oma ging gestern in die **Kirche**. → Meine Oma **radelte** gestern in die Kirche.

92 Ein Satz mit viel Gefühl *Deutsch*

Schreiben Sie den schwierigsten Satz aus dem Nachschriftentext an die Tafel und fordern Sie die Schüler auf, den Satz in verschiedenen Gemütsverfassungen vorzulesen, also:
Ein Schüler liest den Satz so, als ob er noch nie im Leben etwas Lustigeres gelesen hätte. Ein anderer Schüler weint fast beim Lesen, wieder ein anderer kann den Satz vor lauter Entsetzen nur stockend hervorbringen usw.

93 Kreative Satzkonstruktionen *Deutsch*

Ein Schüler überlegt sich einen Satz, z. B.: Heute gehen wir nicht in den Hof. Er schreibt aber nur die Anfangsbuchstaben der Wörter an die Tafel, also: H g w n i d H .

Alle Mitschüler sind jetzt aufgefordert, ebenfalls einen Satz mit diesen Anfangsbuchstaben zu bilden, z. B.: Hanna guckt wieder nicht in das Heft. Oder: Helene gibt wieder niemandem ihr doofes Handy.

94 Wörterkitzel *Fächerübergreifend*

Ein Schüler stellt sich mit dem Rücken zur Tafel vor die Klasse. Die Lehrerin schreibt ein beliebiges Wort, z. B. Ferien, hinter dem Rücken des Schülers an die Tafel. Nun dürfen die Mitschüler abwechselnd Fragen stellen, in der Absicht, dass der Tafelschüler beim Beantworten der Frage das Tafelwort ausspricht. Wem das zuerst gelingt, gewinnt und er darf als Nächster an die Tafel kommen.

95 Das Ratespiel für Pädagogen *Deutsch*

Ganz zum Schluss endlich ein Ratespiel für Lehrkräfte!
Jeder Schüler darf das schwierigste Wort aus dem Nachschriftentext an die Tafel schreiben, während die Lehrerin z. B. aus dem Fenster schaut. Sind alle Kinder wieder auf ihren Plätzen, muss die Lehrerin anhand der Schrift (oder der Fehler) erraten, welcher Schüler welches Wort geschrieben hat.